Flocon petit chien courageux

Trois histoires inspirantes

Samuel Songe

Samuel Songe : samuel@mapetiteplume.fr

www.mapetiteplume.fr

Copyright © 2023, Samuel Songe
Tous droits réservés. Toute reproduction même partielle du contenu,
de la couverture ou des icônes, par quelque procédé que ce soit
(électronique, photocopie, bandes magnétiques ou autre)
est interdite sans les autorisations de Samuel Songe.

Le Code de la propriété intellectuelle interdit les copies
ou reproductions destinées à une utilisation collective.
Toute représentation ou reproduction intégrale ou partielle
faite par quelque procédé que ce soit, sans le consentement de l'Auteur
ou de ses ayants cause est illicite et constitue une contrefaçon
sanctionnée par les articles L.335-2 et suivants
du Code de la propriété intellectuelle.

Clause de non-responsabilité et conditions d'utilisation :
L'auteur décline toute responsabilité en cas d'erreurs, d'omissions
ou d'interprétations des informations contenues dans le présent document.

Flocon

Timide mais remarquable

Flocon était un petit **chien blanc** qui vivait dans une **forêt** animée.

"J'aimerais tellement avoir des **amis**", pensait-il souvent.

Mais **Flocon** était un petit chien très **timide**.

Il regardait les autres animaux **jouer**, en restant dans son coin.

Un jour,
Bella l'oiseau bleu
passa près de lui.

"Salut Flocon, tu veux jouer avec nous ?" demanda-t-elle avec **gentillesse**.

Flocon avait vraiment envie de dire **oui**, mais sa timidité le retenait.

Il murmura doucement : "Peut-être une **autre fois**..."

Un hiver,
il vit **Filou** l'écureuil
jouer à cache-cache
avec d'autres animaux.

"Si seulement je pouvais
jouer avec eux"
se disait Flocon.

Et d'un coup **Flocon** réalisa qu'il avait quelque chose de spécial : son pelage **blanc comme la neige** !

"Avec ma belle couleur blanche, je pourrais être super fort à **cache-cache** !"

Prenant son **courage** à deux pattes, **Flocon** s'approcha de **Filou** l'écureuil.

"Est-ce que je peux **jouer avec vous ?**" demanda-t-il doucement.

"Bien sûr, **avec plaisir !**"
répondit Filou.

C'était maintenant
à Flocon de se **cacher**.

Grâce à son pelage blanc, il se cacha parfaitement dans un **tas de neige**.

"On a trouvé tout le monde sauf **Flocon** !" s'exclama **Filou**, tout étonné.

Lorsqu'il sortit de sa cachette,
tous les autres animaux
étaient **impressionnés**.

"**Flocon**, tu es incroyable !"
dit **Bella** l'oiseau,
et tout le monde se mit
à rire et à jouer.

Flocon avait trouvé des **amis** et surmonté sa timidité.

Il comprit que s'il avait **confiance en lui**, il ne serait plus jamais seul.

"La timidité n'est qu'un petit nuage qui passe", pensa **Flocon**.

"En dessous, il y a toujours un soleil **d'amitié** et de **confiance en soi.**"

Un jour, **Flocon** le petit chien blanc se promenait près d'un **joli lac**.

Tous les animaux jouaient dans l'eau, **sauf lui.**

"Regardez-moi tous,
je nage comme un poisson !"
dit **Fifi** la grenouille
en plongeant.

Flocon était triste
et se disait :
"Si seulement je pouvais
être aussi **courageux**."

Fifi la grenouille sauta vers lui et dit : "Viens nager avec nous ! L'eau est vraiment **agréable** !"

Flocon soupira. "J'aimerais bien, mais j'ai trop **peur de l'eau**."

Fifi sourit.
"Tu sais, tout le monde a peur de quelque chose."

Flocon hésita un instant.
"Oui, mais comment faire pour **ne plus avoir peur** ?" demanda-t-il.

Titou le canard
avait tout entendu et dit :
"Et si tu utilisais ta voix
pour te donner du **courage** ?"

Flocon ne comprenait pas.
"**Ma voix** ? Qu'est ce que
tu veux dire ?"

"Oui," dit **Titou**.

"Tu as toujours été fort avec tes "**ouaf ouaf**" pour encourager les autres. Pourquoi ne pas t'encourager **toi-même** ?"

"C'est vrai qu'avec ma voix,
je peux **encourager** plus fort
que tous les autres animaux."
se dit **Flocon**.

Il s'approcha du lac,
les pattes **tremblantes**.

"Ouaf ouaf !
Je suis **courageux**,
Je peux le faire !"
cria **Flocon** de toutes
ses forces.

Sa voix raisonna
dans tout le lac, et
il se sentit moins effrayé.

Le cœur plein de confiance en lui, il rassembla tout son courage et **sauta dans l'eau.**

Fifi la grenouille s'exclama : "**Tu as réussi !** Je te l'avais dit, tu es bien plus courageux que tu ne le croyais."

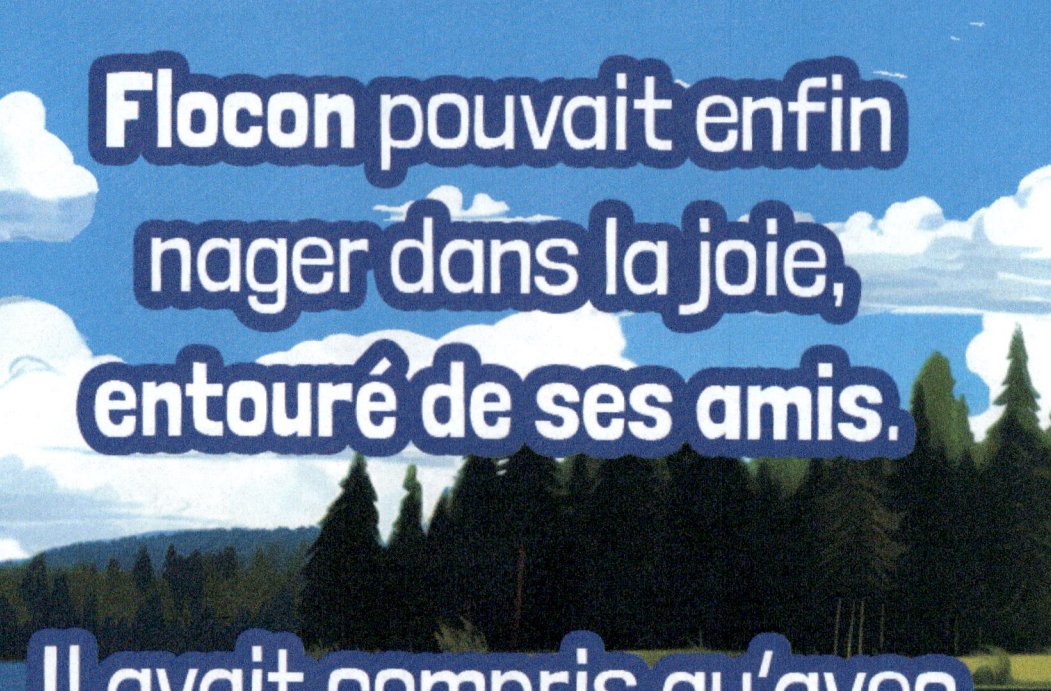

Flocon pouvait enfin nager dans la joie, entouré de ses amis.

Il avait compris qu'avec un coeur plein de **courage**, l'ombre de la peur disparaît et la **confiance en soi** brille comme une étoile !

Flocon

Fort grâce à sa différence

Flocon, le petit chien blanc était entouré de ses **amis** les autres animaux.

"Mais pourquoi mon **museau** est-il si gros ?" se demandait-il souvent.

Il voyait ses amis, comme **Fifi** la grenouille et **Filou** l'écureuil, qui avaient de **jolis petits nez**.

"J'aimerais avoir un nez plus petit," pensait **Flocon**.

Un jour, tous ses amis décidèrent d'aller explorer une **grotte mystérieuse**.

"Ça va être une **aventure** géniale !" s'exclama Bella l'oiseau bleu.

Mais à mesure qu'ils avançaient dans la grotte, ils se rendirent compte qu'elle était bien plus **grande** qu'ils ne l'avaient imaginé.

"Oh là là, je crois qu'on est **perdus** !" dit Filou.

Tout le monde commença à avoir **peur**.

"Si seulement on pouvait trouver un moyen de **sortir**," dit **Bella**.

C'est alors que **Flocon** pensa à son gros museau. "Attendez une seconde, avec mon museau, je peux **sentir très très loin !**"

Les autres animaux le regardèrent, surpris.

Il prit une grande **inspiration** et sentit l'air frais qui venait de l'entrée de la grotte.

"**Suivez-moi !**" Annonça-t-il, plein de confiance en lui.

"Vas-y **Flocon**, tu peux le faire !" encouragèrent ses amis.

Alors il courut en suivant l'odeur de l'air frais.

Après quelques minutes, ils arrivèrent à la sortie de la grotte et virent **le soleil**.

" Nous avons réussi !" s'exclama **Fifi**.

Tous ses amis se réjouirent et fêtèrent leur retour à la **maison**.

"Flocon, tu es notre **héros** ! Ton museau nous a **sauvés** !" dit **Filou**.

Flocon réalisa enfin que sa différence était aussi ce qui le rendait **spécial**.

"Je ne vais plus jamais penser que mon museau est trop gros, **je l'aime comme il est !**" se dit-il.

"Chaque animal est **unique** à sa manière, même un grand museau peut être une **force** !" se dit **Flocon**.

Il était heureux d'avoir aidé ses amis et **trouvé sa place**.

Merci d'avoir partagé ces histoires !

Petit mot pour les grands :

N'oubliez jamais que l'imagination d'un enfant
ne connait que peu de limites.

Parler avec lui de ses peurs sera toujours
une meilleure solution que d'éviter la discussion
et de le laisser seul inventer le pire.

À propos de l'auteur

Psychologue clinicien de formation,
créateur et monteur d'illustrations propulsées par
la technologie, Samuel est également un papa dévoué.

Son parcours allie sa passion pour la psychologie à son
imagination, donnant vie à des histoires captivantes
et éducatives. Il partage avec joie son travail,
offrant aux lecteurs une expérience unique
mêlant créativité et bienveillance.

Découvrez mes illustrations !

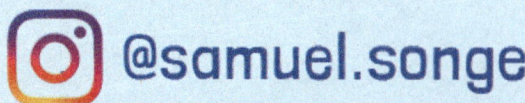

@samuel.songe

Une petite surprise vous attend sur :

www.mapetiteplume.fr/vip

Cher lecteur, si ce livre a trouvé une place dans votre cœur, je vous serais infiniment reconnaissant de prendre un moment pour partager **votre avis** sur Amazon.

Votre retour compte énormément pour moi et aide d'autres parents à découvrir ces histoires.

Scannez moi !

Printed by Amazon Italia Logistica S.r.l.
Torrazza Piemonte (TO), Italy